INSTALLATION

FRIGORIFIQUE

DE LA

MORGUE

DEUXIÈME LETTRE

A

MONSIEUR LE PRÉFET
DE LA SEINE

PAR

CH. TELLIER

PARIS

AUGUSTE GHIO, ÉDITEUR

PALAIS-ROYAL, GALERIE D'ORLÉANS, 1, 3, 5 ET 7

—

1880

Tous droits réservés

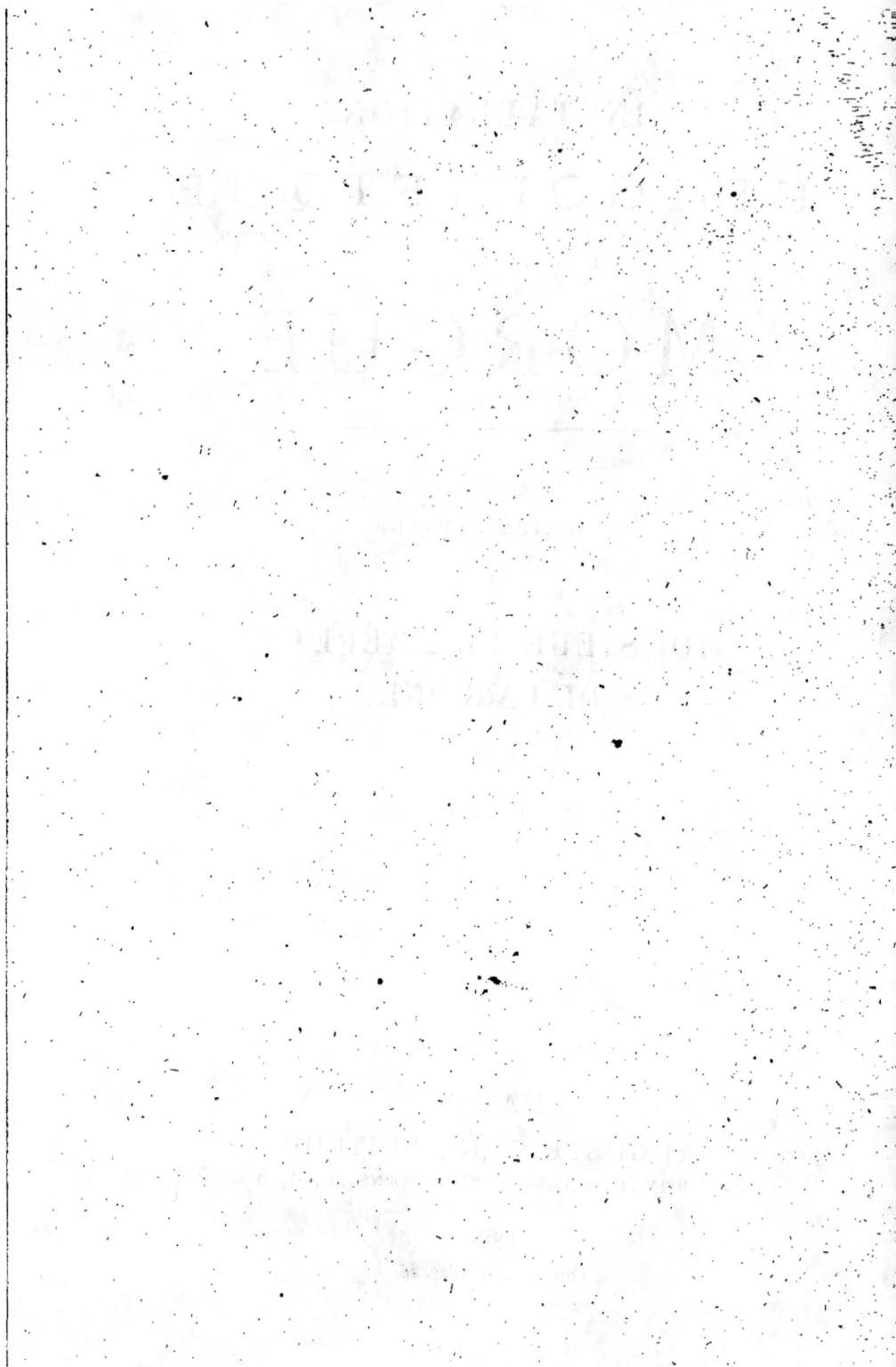

INSTALLATION
FRIGORIFIQUE
DE LA
MORGUE

3 210

DEUXIÈME LETTRE

A

MONSIEUR LE PRÉFET
DE LA SEINE

PAR

CH. TELLIER

PARIS

AUGUSTE GHIO, ÉDITEUR

PALAIS-ROYAL, GALERIE D'ORLÉANS, 1, 3, 5 ET 7

—

1880

A

MONSIEUR LE PRÉFET DE LA SEINE

Monsieur le Préfet,

La lettre imprimée, qui vous a été adressée par M. le D Brouardel, en réponse aux observations que j'avais eu l'honneur de vous présenter, est arrivée fortuitement en mes mains.

Si j'avais été honoré de l'envoi d'un exemplaire de cette lettre, j'aurais pu, plus tôt, relever certains points qu'il est nécessaire d'élucider complétement.

Quoique tardivement je vais entreprendre ce travail. Pour conclure plus rapidement, je me bornerai à suivre l'honorable professeur sur le terrain par lui choisi. En agissant ainsi, il me sera possible de serrer la discussion et par conséquent d'arriver à mieux préciser la situation.

Dans cet ordre d'idées, j'examinerai d'abord les faits et j'aborderai ensuite le côté économique de la question.

Avant tout, je désire répondre au dernier paragraphe de la lettre de M. le D Brouardel, et ce précisément, parce que ce paragraphe semble supposer un malentendu d'honorabilité qui n'existe pas.

M. Brouardel dit :

« M. Tellier formule ainsi un dernier reproche dans « ses conclusions : »

« *Que prouve ceci? Qu'on vouliat m'évincer et faire* « *profiter autrui d'une application dont je suis le pro—* « *moteur.* »

« Jusqu'au moment où M. Tellier aura dit qui est cet « *on*, un membre de l'administration ou un des membres « de la commission, nous négligerons de relever cette « insinuation ».

Voici ma réponse.

J'ai été le promoteur de l'application;

J'ai obtenu complétement l'avis favorable et successif de M. le Dr Brouardel, de M. le Dr Devergie, chargés d'étudier la question;

J'ai eu avis d'avoir à m'entendre avec M. l'architecte de la ville;

Brusquement on nomme une troisième commission.

Évidemment ce n'était pas pour confirmer les faits acquis, puisque l'accord était complet et que les fonds, sur mes devis, étaient votés.

C'était donc, pour changer l'ordre de choses admis, c'est-à-dire m'évincer.

Qui a provoqué la nomination de cette commission?

Voilà ce que je ne sais pas et voilà pourquoi j'ai employé le pronom *on*, qui, dans notre langue, désigne le vague, l'indéterminé.

Mais je n'hésite pas à déclarer, que, dans ma pensée, ce mot n'a pas pu s'adresser à M. le Dr Brouardel dont j'honore infiniment le caractère et le savoir.

Si donc, je combats le rapport du savant professeur, qu'il soit bien entendu, que rien dans mes écrits n'a pu altérer, ni n'altérera, le respect que je lui porte.

Ceci expliqué j'arrive aux faits.

M. le Dr Brouardel estime à 200.000 calories, (1) par 24 heures le travail frigorifique nécessaire à la Morgue. Il admet que la machine à air comprimé marchera 10 heures par jour, c'est-à-dire, que cette machine aura à absorber 20.000 calories par heure, et, dans ces conditions, il énonce qu'il faudra un moteur à gaz de simplement *8 chevaux*.

Je n'hésite pas à dire qu'il y a là une erreur grave.

Ce n'est pas avec 8 chevaux, de 75 kilogrammètres, qu'on entraînera une machine à air comprimé, produi-

(1) Une calorie est la quantité de chaleur nécessaire pour augmenter de 1° un kilogramme d'eau.

sant à l'heure 20.000 calories négatives. Ceci, je l'affirme hautement, et j'ai avec moi tous les ingénieurs qui ont traité la question. (Voir page 13)

En ce qui me concerne, voici comment je précisai ce point dans mon travail sur la Morgue remis en 1878 :

« Le moteur à gaz devrait être de 6 chevaux, mais en « raison de la marche délicate de ces machines, nous « conseillons une machine de 8 chevaux ».

C'était donc réellement 6 chevaux que je comptais employer et encore avais-je fixé ce chiffre, à cause des imprévus avec lesquels, dans un semblable travail, il faut toujours compter.

Je dois ajouter que depuis, me préoccupant de donner au service de la Morgue le plus de facilité possible, j'étais arrivé à combiner un appareil ne devant absorber, dans les mêmes conditions, que 3 à 4 chevaux.

C'est ce que je faisais pressentir dans ma lettre adressée le 24 novembre à M. le Dr Brouardel pour être communiquée à la Commission nommée par vous, Monsieur le Préfet, et dans laquelle je disais : « La dépense « d'entretien et de fonctionnement se résume par 20 fr. « par jour, je dois dire que ce prix doit être considéré « commè un *maximum*, une réduction assez *notable* « *pouvant être faite sur la consommation du gaz em-* « *ployé par la force motrice* ».

Mais la Commission n'a pas jugé à propos de m'entendre, et loin de considérer mon prix comme un maximum, elle en a fait un minimum, qu'elle a augmenté, sans me consulter, de 40 0/0.

J'ai dit que le rendement des appareils à air comprimé, déjà limité l'hiver, diminuait notablement l'été :

M. le Dr Brouardel combat cette vérité.

Il admet bien qu'il y aura une différence, mais il n'y voit qu'un inconvénient négligeable.

Il me permettra de ne pas être de son avis et ceci pour plusieurs raisons.

D'abord M. Brouardel estime que la différence entre l'hiver et i'été se traduira par un simple retard de 10° dans le refroidissement, c'est-à-dire que l'air, sortant l'hiver à — 50°, sera émis l'été à — 40°.

Ceci est une profonde erreur. Si la détente de l'air produit un abaissement de 50°, cet abaissement part de 0° l'hiver, température de l'eau employée, et donne la température de — 50°. Mais si l'été il part de 25°, température aussi de l'eau en cette saison, il ne donne plus qu'une température de — 25° qui correspond simplement à — 6° à 7° de nos courants liquides, ce qui est un faible effet frigorifique.

Les machines à air froid perdent donc 50 0/0 dans leur effet utile de l'hiver à l'été, et M. le Dr Brouardel se trompe fortement, quand ii ne compte que 20 0/0.

Mais où l'erreur devient plus grande, c'est quand le savant professeur dit : « Qu'il suffira — pour combler la différence de l'été à l'hiver — d'augmenter la compression de l'air de 1/4 d'atmosphère ; que ce travail n'excédra pas 1/50 de la force totale » .

Je viens de démontrer que cette différence est de 50 0/0.

Si avec 1/50 d'augmentation dans la force motrice, on obtenait 50 0/0 de travail en plus, même 20 0/0, on voit, qu'en suivant cette progression, on obtiendrait des machines qui ne tendraient rien moins qu'à l'infini.

Ce raisonnement n'est pas soutenable .

Le coût du froid, quand on arrive à une certaine puissance, est proportionnel à la force employée, et si la quantité à produire est doublée, la force employée devra être doublée aussi.

En expliquant tout ceci, je n'ai l'intention d'exercer aucune critique à l'égard de M. le Dr Brouardel, j'ai

déjà dit le respect que je professe pour lui, mais il a eu
en mains des données erronées et je dois les rectifier.

Donc, à ce point de vue, tout ce que j'ai énoncé dans
ma première lettre subsiste et l'été, tout appareil à air
comprimé, de tel système il soit, perdra 50 0/0 de sa
puissance effective. Or, encore une fois, c'est l'été sur-
tout qu'il faut marcher ! Il y a donc là une condition
mauvaise qu'il importe d'éviter.

Je me suis livré, dans la lettre que j'ai eu l'hon-
nenr de vous adresser, Monsieur le Préfet, à une étude
comparative entre l'action des courants liquides froids
et celle de l'air froid préconisé par la Commission.

M. le Dr Brouardel dit, que les calculs que j'ai pré-
sentés à cet égard ont été empruntés à des publications
de M. Trélat, de 1876 et 1878.

J'avoue sincèrement que j'aurais été très heureux
d'abriter mon faible savoir, sous l'autorité du nom
de M. Trélat, mais pour rester dans la vérité des faits,
je dois dire que ces calculs sont depuis 20 ans appliqués
journellement chez moi et que, par conséquent, j'étais en
droit de les présenter sans aucune mention spéciale.

Je ne doute nullement que la Commission n'ait pu les
établir, mais ce que je pense, c'est qu'elle ne l'a pas fait,
n'envisageant pas leur importance réelle.

A l'appui de cette assertion je vais précisément utiliser une observation de M. le Dr Brouardel.

M. Brouardel, voyant toujours un peu mes dires à l'aide
d'un verre grossissant, explique, que j'ai besoin de 3 réservoirs de liquide incongelable, contenant chacun 16500
litres de ce liquide.

Mon devis ne porte pas cela, mais simplement deux
réservoirs de 16500 litres et un de 1000 litres, avec 15000
litres de liquide incongelable en circulation.

C'est ce dernier chiffre qui va me permettre de dé-

montrer à nouveau, combien la question des liquides incongelables, loin d'être nuisible, a d'opportunité.

Je m'explique.

M. le Dr Brouardel admet marcher avec l'air comprimé pendant 10 heures, il y aura donc 14 heures d'inactivité.

M. Brouardel estime la pénétration du calorique à environ 4200 calories par heure, ce sera donc pendant ces 14 heures : 58800 calories, qui pénètreront dans la salle d'exposition et tendront à la réchauffer.

Qu'aura-t-on avec l'air comprimé pour combattre ce réchauffement?

Le froid emmagasiné dans l'air et celui spécifique des corps conservés, le tout sous un écart de simplement 4°, puisque — 4° est, dans le travail cité par M. le Dr Brouardel, la température assignée à la dite salle et que nous prenons pour base la température de 0°.

Or, 4°, sur les 500 mètres cubes d'air que contient la salle, nous donnent simplement........ 624 calories.

4°, sur 300 kilogs. moyenne des sujets
conservés, donnent................... 1200   d°

Ensemble...................... 1824 calories.

Ainsi, il y aura dans les 14 heures, une pénétration de............................... 58800 calories;

Et pour combattre cette quantité de chaleur, on ne disposera que d'un simple emmagasinement frigorifique de............................... 1824 calories

On voit donc, que rapidement, la température s'élèvera, et qu'ainsi il y aura dégel et irrégularité dans le service.

C'est cet inconvénient que j'ai voulu éviter en établissant, à l'aide de mes 15000 kos de liquide incongelable, qui sont là à titre de compensateurs frigorifiques, un moyen de maintenir le froid pendant la nuit. Ces

15000 k^{os} représentent une provision de froid d'environ 140000 calories.

Avec leur aide il devient possible de ne pas produire le jour d'exagération dans le froid, et d'éviter le réchauffement nocturne.

On voit donc, combien est judicieux, commode, l'emploi de liquides incongelables, et que bien loin d'être une superfétation, ils constituent au contraire une nécessité du service, qui avait été méconnue par la Commission. Quant à leur action sur les métaux, les soudures, je répète ce que j'ai déjà dit, elle est nulle, et l'expérience est là pour montrer qu'il n'y a aucune action, même électrique, à redouter.

Je laisse de côté les faits de détail qui n'ont aucune importance bien réelle et sur lesquels mes dires n'ont d'ailleurs pas été infirmés par la réponse de M. le Dr Brouardel; j'arrive, Monsieur le Préfet, si vous voulez bien le permettre, à la question économique.

Tout d'abord je suis surpris par une circonstance que voici : Je vois toujours mes devis exposés en détail, tandis que je ne trouve, quand il est question de l'air comprimé, qu'un total en bloc.

Or ceci mérite attention.

Ainsi, nous savons que les machines à air comprimé exigeront beaucoup de forces, de là un imprévu très sérieux que l'administration prend à sa charge. M. Brouardel nous dit en effet page 6 de sa réfutation : « *L'administration s'est d'ailleurs chargée de rendre aux fondations de la Morgue la fermeté nécessaire.* »

Cette charge est grave.

Me rendant compte de la situation, j'avais étudié des machines très légères, sans chocs, de manière à pouvoir utiliser le sol tel qu'il est, je n'avais donc de ce chef aucune dépense spéciale à imposer.

Mais ce n'est pas tout.

Il n'est rien dit de tous les autres détails qui comportent cependant des dépenses considérables.

Pourquoi ce mutisme?

Pourquoi ne pas dire comme pour moi tous es chiffres de l'installation ?

Voilà ce me semble, en fait d'économie, ce qu'il importait de préciser. On aurait pu ainsi se rendre compte, tandis que l'esprit se heurte devant un chiffre unique, qui ne se prête à aucune analyse, et ne permet pas de juger s'il reste des frais au compte de l'administration.

M. le Dr Brouardel dit qu'aucun des concurrents n'a fait le travail des quantités de chaleur à combattre pour maintenir les choses en état. Il me permettra de lui rappeler qu'en 1878 je lui ai fourni les détails à ce relatifs. Vous, Monsieur le Préfet, vous voudrez bien me permettre de vous faire observer, que lorsque j'ai fait le *Frigorifique*, dont la coque est en fer, j'ai eu à compter avec des éventualités autrement sérieuses que ce qui doit se passer à la Morgue.

L'expérience m'a donné raison. Or, j'ai appliqué à la Morgue les mêmes formules, basées sur des expériences longuement répétées, et c'est de ces formules, de ces expériences, que j'ai déduit le calcul de 100,000 calories en 24 heures, soit, en arrondissant, le travail pendant 10 heures d'une machine produisant 10,000 calories à l'heure.

Je suis donc autorisé à maintenir mon chiffre, et si la Commission m'avait appelé, je lui aurais dit, sans aucune difficulté, les bases sur lesquelles je m'appuie. Elle se serait ainsi convaincue, que ce chiffre n'était pas une évaluation hasardée, mais le résultat d'une recherche établie sur la réalité des faits.

M. Brouardel, dans sa réponse, me reproche de n'avoir pas indiqué de main d'œuvre dans mon prix de revient.

Mais une des conditions qui m'étaient imposées, c'était précisément de faire un appareil assez simple pour qu'il puisse marcher sous la conduite du personnel de la Morgue !

Je me suis inspiré de cette condition, et j'ai combiné l'installation en conséquence. Je n'avais donc pas de main d'œuvre, à faire entrer en ligne de compte.

Enfin M. Brouardel nous apprend que MM. Giffard et Berger, ce que ne disait pas le rapport, offrent de prendre à forfait l'entretien annuel du travail frigorifique.

Si cette condition m'avait été posée, j'y aurai souscrit, je dois dire que je n'aurais pas osé la proposer à l'administration, je ne me refuse pas toutefois à la subir.

Je termine par une dernière considération.

M. le Dr Brouardel défend chaudement la Commission à laquelle j'ai, non pas reproché, mais exprimé le regret de n'avoir pas été entendu. A ce sujet il dit : que M. Becquerel était au nombre des personnes qui ont assisté au départ du *Frigorifique* au Havre et que MM. Jamin et Trélat ont visité ce vapeur plusieurs fois pendant l'Exposition.

Voici ma réponse.

Il y a erreur en ce qui concerne M. Becquerel. A moins que l'honorable membre de l'Institut ne fût sur le quai à voir passer le *Frigorifique*, ce qui ne l'aurait pas beaucoup édifié, il n'était pas à bord lors du départ.

Quant à MM. Jamin et Trélat, ils ont pu, pendant l'Exposition, venir à bord du *Frigorifique*, mais je ne les y ai pas vus. Or, on me permettra de dire, que dans une question aussi importante que celle-ci, quelques explications de moi auraient mieux valu, que celles, très fantaisistes, qu'ont pu donner les matelots.

En résumé ou la Commission n'était pas nécessaire, ou elle l'était.

Si elle n'était pas nécessaire, pourquoi la nommer?

Si elle l'était, ce n'était pas à mon sens sur des renseignements antérieurs qu'elle devait se baser, mais sur les faits du moment. A ce point de vue, la Commission n'a fonctionné que pour MM. Giffard et Berger. Ceci n'est pas contestable, puisque M. le Dr Brouardel nous dit: « En 1879 le Dr Brouardel a vu *avec les autres membres* l'application en grand des procédés Giffard et Berger. »

Ainsi tombe l'assertion donnée, qu'aucun de mes compétiteurs n'ont été convoqués par la Sous-Commission et en somme je reste avec le droit de dire :

1° Que les faits physiques, tels qu'ils sont énoncés par la sous-commission et le travail complémentaire de M. Brouardel sont erronés;

2° Que la question économique est résolue dans un sens défavorable à la ville;

3° Qu'on voulait m'évincer.

Je regrette, Monsieur le Préfet, avoir eu aussi longuement à vous entretenir à mon sujet, mais vous voudrez bien, je l'espère, ne pas trouver mauvais, que je défende une question que j'ai soulevée, qui m'a fait travailler longuement, et qu'on veut résoudre dans un sens qui m'est doublement dommageable.

Des publications sont faites en effet, dans lesquelles on déduit du rapport de la sous-commission, des conséquences qui ne sont pas dans sa pensée et qui tendent à infirmer mes travaux, j'ai le droit de les défendre et d'établir devant vous la réalité des faits.

Veuillez, Monsieur le Préfet, agréer mes plus respectueux hommages.

CH. TELLIER.
20, rue Hérold, Auteuil-Paris.

NOTE

J'ai dit qu'une machine à air comprimé, absorbant 20,000 calories à l'heure, prendrait plus de 8 chevaux de force. Je dois, à l'appui de mon assertion, reproduire l'opinion de savants dont on ne peut contester le savoir et l'autorité.

Voici d'abord celle de M. Terquem :

« Les machines frigorifiques peuvent être considérées comme des
« machines à vapeur retournées, que comme tout est reversible
« dans la théorie de la chaleur, les mêmes considérations théori-
« ques s'appliquent aux unes et aux autres. Il en résulte que toutes
« les raisons qu'on a invoquées pour établir l'infériorité des machi-
« nes à air vis-à-vis des machines à vapeur, concourrent à condam-
« ner l'emploi des machines frigorifiques à air et à donner la préfé-
« rence aux machines à liquides volatils ».

Voici, au sujet de l'exposition, l'avis du rédacteur scientifi-que du journal *La République*, opinion qui se corrobore de la haute direction de M. Paul Bert donnée à cette partie de la ré-daction de *La République*.

« Il nous reste enfin à parler des appareils utilisant l'expansion
« des gaz à la production du froid.
« Jusqu'ici malheureusement les machines basées sur ce principe
« ont donné de bien médiocres résultats et nous croyons par suite
« inutile d'en donner une description spéciale. Quand elles ont
« fonctionné (et nous pourrions citer des essais assez récents qui
« sont restés infructueux), les résultats frigorifiques ont été à peu
« près insignifiants et l'appareil de ce système que l'on a pu voir,
« naguère, fonctionner au Palais de l'Industrie, n'était point en état
« selon nous, d'infirmer sérieusement notre assertion ».

Voici maintenant ce que dit M. Berthelot :

« Si l'on voulait absorber par la dilatation mécanique 6 calories
« 6 dixièmes, c'est-à-dire la quantité de chaleur susceptible d'élever
« 6 litres d'eau 6 dixièmes, à 1° au-dessus de 0°, il faudrait doubler
« environ, par la dilatation mécanique, le volume de 6 mille litres
« d'air ; il faudrait donc 300 coups de pistons susceptibles de porter
« le volume d'un corps de pompe de 20 litres à 40 ».

« Pour produire le même résultat en pompant de la vapeur d'é-
« ther, il suffirait de faire évaporer mécaniquement la quantité sus-
« ceptible d'occuper vingt-deux litres trente-deux centilitres à la
« température et à la pression ordinaire ».

(M. Berthelot.)

Voici enfin l'opinion de M. J. Armengaud jeune qui avait
étudié la question du froid par l'air comprimé, en a donné la
théorie (mémoire à l'académie des sciences), mais qui, après
des expériences faites avec M. P. Giffard, a reconnu l'impuis-
sance absolument pratique de ce moyen :

« La dépense en charbon, d'après les déclarations mêmes de
« Kirk et de Windhausen, n'a jamais été inférieure à un kilo-
« gramme de houille par kilogramme de glace, tandis que, ainsi
« que nous allons le montrer plus loin, l'autre méthode de produc-
« tion du froid par les liquides volatils peut donner facilement, 4,
« 8 et jusqu'à 10 kilogrammes de glace par kilogramme de houille.
« Ajoutons aussi qu'il faut donner à la machine à air des di-
« mensions colossales, en raison de la petite densité de l'air et de
« sa faible chaleur spécifique.
« C'est cette infériorité de rendement qui a toujours fait échouer
« le procédé de la régénération mécanique du froid, malgré les
« avantages que présente l'emploi de l'air, corps inoffensif et gra-
« tuit, etc, etc. » (M. F. Armengaud, jeune.)

Je dois rappeler en terminant, que, dans cette question, beaucoup de personnes croient, que M. Henry
Giffard, aux travaux duquel on doit, et l'injecteur qui a
porté son nom dans toutes les parties du monde, et les
travaux d'aérostation qui ont fait une science de ce
genre d'étude encore si peu connu, est l'auteur de l'appareil qui m'est opposé.

Cette erreur est regrettable, car elle donne à l'emploi
frigorifique de l'air comprimé un patronage éminent
qui n'existe pas. Je tiens donc à préciser la situation,
et à rappeler, que M. l'ingénieur Henry Giffard est
complètement étranger à cette application.

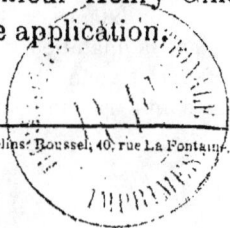

Paris-Auteuil. — Imp. des Apprentis orphelins. Boussel, 40, rue La Fontaine.

7

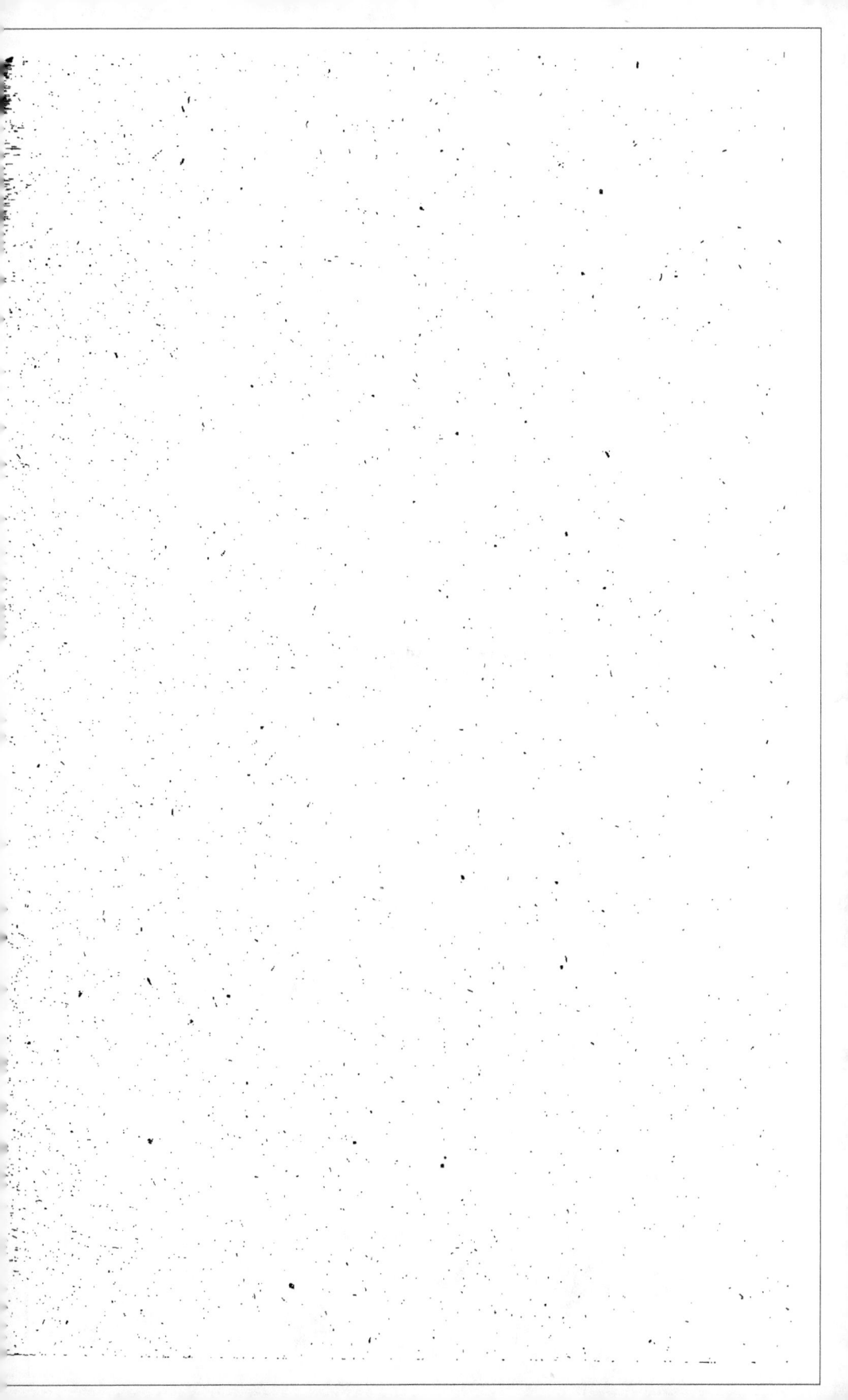

Paris-Auteuil. — Imprimerie des Apprentis-Orphelins, — Roussel.
40, rue La Fontaine, 40

www.ingramcontent.com/pod-product-compliance
Lightning Source LLC
Chambersburg PA
CBHW072022290326
41934CB00011BA/2782